Christopher Krause, Jan Reiter

Aktiengesellschaft – Vorstand und Aufsichtsrat

GRIN Verlag

Bibliografische Information der Deutschen Nationalbibliothek:

Die Deutsche Bibliothek verzeichnet diese Publikation in der Deutschen National-
bibliografie; detaillierte bibliografische Daten sind im Internet über http://dnb.d-
nb.de/ abrufbar.

Impressum:

Copyright © 2010 GRIN Verlag GmbH
Druck und Bindung: Books on Demand GmbH, Norderstedt Germany
ISBN: 978-3-656-04431-4

Dieses Buch bei GRIN:

http://www.grin.com/de/e-book/181493/aktiengesellschaft-vorstand-und-aufsichtsrat

GRIN - Your knowledge has value

Der GRIN Verlag publiziert seit 1998 wissenschaftliche Arbeiten von Studenten, Hochschullehrern und anderen Akademikern als eBook und gedrucktes Buch. Die Verlagswebsite www.grin.com ist die ideale Plattform zur Veröffentlichung von Hausarbeiten, Abschlussarbeiten, wissenschaftlichen Aufsätzen, Dissertationen und Fachbüchern.

Besuchen Sie uns im Internet:

http://www.grin.com/

http://www.facebook.com/grincom

http://www.twitter.com/grin_com

Fachhochschule der Wirtschaft

- FHDW -

Bergisch Gladbach

Referat

Thema:

Aktiengesellschaft –

Vorstand und Aufsichtsrat

Verfasser:

Christopher Krause

Jan Reiter

3. Studientrimester

Studiengang: Wirtschaftsinformatik

Studiengruppe: BFW4B8

Studienfach: Wirtschaftsrecht II

Abgabetermin:

05.05.2010

Inhaltsverzeichnis

1. Einleitung

Diese Ausarbeitung befasst sich mit dem Thema „Aktiengesellschaft".

Eine Aktiengesellschaft ist eine Kapitalgesellschaft, bei der das Grundkapital in Aktien aufgeteilt wird, die von natürlichen Personen erworben werden können.

Sie strukturiert sich im Wesentlichen in drei Organe: Diese sind zum Einen der Vorstand - er wird als das leitende Organ beschrieben, zum Anderen existiert die Hauptversammlung - sie ist das beschließende Organ. Zuletzt ist der Aufsichtsrat zu nennen, der das überwachende Organ darstellt.

Diese Ausarbeitung legt den Fokus auf den Vorstand und den Aufsichtsrat. Die grundlegenden Funktionen der Organe inklusive deren Rechten und Pflichten werden in dieser Ausarbeitung dargestellt und erläutert. Zunächst wird zusätzlich der Kodex deutscher Aktiengesellschaften vorgestellt.

2. Deutscher Corporate Governance Kodex

Corporate Governance ist kein eindeutiger Rechtsbegriff, sodass sich seit der erstmaligen Verwendung im Jahr 1990 vielfältige Umschreibungen bildeten. Eine weit verbreitete, sehr treffende und anerkannte Ausprägung ist folgende: „Corporate Governance umfasst die Rechte, Aufgaben und Verantwortlichkeiten der gesellschaftlichen Organe (Geschäftsführung, Vorstand, Aufsichtsrat), der Anteilseigner, der Mitarbeiter und darüber hinaus der übrigen Interessensgruppen („Stakeholders"), also derjenigen, die von der Leistung oder vom Erfolg eines Unternehmens profitieren oder durch dessen Misserfolg Verluste erleiden."[1]

Corporate Governance bezeichnet also die verantwortungsvolle, ethisch einwandfreie Führung eines Unternehmens. Diese Art der Unternehmensführung gewinnt immer mehr an Bedeutung, weshalb das Bundesministerium für Justiz bereits im Jahr 2001 eine Regierungskommission ins Leben rief, die mit der Ausarbeitung eines „Deutschen Corporate Governance Kodexes" (DCGK) beauftragt wurde. Der Kodex wurde Anfang 2002 mit dem Ziel der Transparenz- und Vertrauensschaffung bei Aktiengesellschaften das erste Mal veröffentlicht und wird seitdem von der Regierungskommission einmal jährlich an die aktuelle Gesetzeslage und neuen Praxisentwicklungen angepasst. Er beinhaltet als kompaktes Regelwerk die wesentlichen Regelungen aus dem

---

[1] Langebucher, G. & Blaum, U. (1994): Audit Committees – Ein Weg zur Überwindung der Überwachungskrise?, in: DB 47/1994, S. 2197

Aktiengesetz (AktG), empfehlende Soll-Vorschriften und anregende, freiwillige Kann-Vorschriften für börsennotierte Gesellschaften.

Jedes Jahr müssen Vorstand und Aufsichtsrat einer Aktiengesellschaft gemeinsam laut §161 AktG eine sogenannte Entsprechungserklärung abgeben, in der sie öffentlich erklären, „dass den vom Bundesministerium der Justiz im amtlichen Teil des elektronischen Bundesanzeigers bekannt gemachten Empfehlungen der „Regierungskommission Deutscher Corporate Governance Kodex" entsprochen wurde und wird oder welche Empfehlungen nicht angewendet wurden oder werden und warum nicht"[2], wodurch der DCGK fast so bedeutend wie das Aktiengesetz wird.

3. Vorstand

3.1. Rechtsstellung

Der Vorstand bildet nach den §§76 ff. des Aktiengesetzes das Leitungsorgan einer Aktiengesellschaft, das eigenverantwortlich das Unternehmen führt. Der Vorstand bildet sich dabei aus mindestens einer natürlichen, unbeschränkt geschäftsfähigen Person bis hin zu mehreren Personen, die jeweils zuständig für ein bestimmtes Unternehmensressort sind, z.B. Finanz-, IT- und Personalressort. Alle Mitglieder des Vorstandes tragen dann die gemeinsame Verantwortung für die Leitung des Unternehmens und besitzen somit alle dieselben Pflichten und Rechte.

Wenn der Vorstand aus mindestens zwei Mitgliedern besteht, was ab einem Grundkapital von drei Millionen Euro gesetzlich vorgeschrieben ist (außer die Satzung der Gesellschaft bestimmt das Gegenteil), ist es üblich, dass der Aufsichtsrat laut §84 Abs. 2 AktG einen Vorstandsvorsitzenden aus den Reihen der Vorstandsmitglieder ernennt, der die Arbeit der Vorstandsmitglieder untereinander koordiniert/leitet und als offizieller Ansprechpartner der Aktiengesellschaft nach außen fungiert (beispielsweise auf Geschäftsbriefen[3]). Meist steht ihm bei Vorstandsgrößen ab drei Mitgliedern zudem das Recht des Stichentscheids bei Meinungsverschiedenheiten zu, sodass sein Einfluss gegenüber den anderen Vorstandsmitgliedern zunimmt.

Die rechtliche Basis der gesamten Vorstandsarbeit bildet sich hauptsächlich aus zwei Kategorien, der Gesetzgebung und den Unternehmensvorgaben. Alle deutschen,

---

[2] o.A. (2010): Aktiengesetz & GmbH-Gesetz, 42. Auflage. Beck-Texte im Deutschen Taschenbuch Verlag, München, S. 73
[3] vgl. §80 Abs. 1 S. 2 AktG

relevanten Gesetze, wie z.B. Aktiengesetz, Mitbestimmungsgesetz, öffentliches Recht und Gesellschaftsrecht bilden den rechtlich korrekten Rahmen der Vorstandsarbeit. Dieser wird maßgeblich durch die Satzung des Unternehmens, der Geschäftsordnung des Vorstands und durch die Beschlüsse[4] der Hauptversammlungen auf die einzelne Aktiengesellschaft individualisiert.

Da die Vorstandsmitglieder keine Arbeitnehmer, sondern Unternehmer im Sinne des Gesetzes sind, entfallen für sie also die Pflichten und Rechte eines Angestellten eines Unternehmens in Deutschland, wie z.B. der Entfall der Rentenversicherungspflicht.

Außerdem sind im Aktiengesetz die Grundsätze der Festsetzung von Bezügen der Vorstandsmitglieder festgelegt, sodass die Vorstandsvergütung leistungsbezogen, angemessen und auf eine nachhaltige Unternehmensentwicklung ausgerichtet erfolgen muss.[5]

3.1.1. Geschäftsführung

Die Leitung der Aktiengesellschaft ist im Paragraphen 77 des Aktiengesetzes näher erläutert und beschreibt das Innenverhältnis zwischen Vorstand und Gesellschaft. Hier wird festgeschrieben, dass der Vorstand nur gemeinschaftlich zur Geschäftsführung befugt ist, es sei denn, dass die Satzung des Unternehmens oder die Geschäftsordnung etwas anderes bestimmt. Dabei ist zu beachten, dass Beschlüsse des Vorstands grundsätzlich per einfacher Stimmmehrheit gefasst werden.

Zur Erleichterung der geschäftsführenden Tätigkeit kann sich der Vorstand selber eine Geschäftsordnung geben und jederzeit anpassen, außer diese Aufgabe übernimmt durch eine dementsprechende Satzungsanweisung der Aufsichtsrat. Der Erlass sowie die gegebenenfalls weiteren Änderungen der Geschäftsordnung benötigen jedes Mal einen einstimmigen Beschluss aller Vorstandsmitglieder.

Der Vorstand führt das Unternehmen soweit eigenverantwortlich wie die Satzung, der Aufsichtsrat, die Beschlüsse der Hauptversammlungen und die Geschäftsordnung es erlaubt.[6]

3.1.2. Vertretung

Die Vertretung beschreibt die Repräsentation der Aktiengesellschaft im Außenverhältnis durch den Vorstand und wird in §78 AktG geregelt. Die

---

[4] vgl. §83 Abs. 2 AktG
[5] vgl. §87 AktG
[6] vgl. §82 Abs. 2 AktG

Vorstandsmitglieder vertreten wie auch bei der Geschäftsleitung nur gemeinschaftlich die Gesellschaft, egal ob gerichtlich oder außergerichtlich, es sei denn, dass die Satzung oder die Geschäftsordnung was anderes bestimmt, z.b. Vorstandsmitglied mit Prokurist. Die Vertretungsbefugnis unterliegt dabei keinen Beschränkungen, sodass der Vorstand die unternehmerische Entscheidungsfreiheit besitzt,[7] um eigenständig Geschäftsziele zu formulieren und umsetzen zu können.

Aufgrund dieser hohen Entscheidungsmacht sind jegliche Änderungen des Vorstands sowie der Vertretungsbefugnisse der einzelnen Mitglieder in das Handelsregister einzutragen.[8]

3.2. Bestellung und Abberufung

Die Bestellung und die Abberufung der Vorstandsmitglieder werden im Aktiengesetz ausführlich im §84 geregelt. Davon abzugrenzen ist der eigentliche Anstellungsvertrag zwischen Gesellschaft und Vorstandsmitglied, der separat zu behandeln ist.

Laut dem Aktiengesetz wird jedes Vorstandsmitglied vom Aufsichtsrat auf höchstens fünf Jahre bestellt, jedoch kann der Aufsichtsrat ein Jahr vor Ablauf der jeweiligen bisherigen Amtszeit beliebig oft eine wiederholte Bestellung für die nächsten fünf Jahre beschließen. So besitzt der Aufsichtsrat durch die fünfjährige „Fluktuationsmöglichkeit" einen nicht unterschätzbaren Einfluss auf den Vorstand. Die Bestellung entspricht gleichzeitig dem Beginn der Anstellung des Mitglieds, sodass ab Annahme die Vorstandseigenschaft mit allen Rechten und Pflichten auf denjenigen übergeht.

Falls ein erforderliches Vorstandsmitglied fehlt und sich der Aufsichtsrat beispielsweise nicht auf einen Nachfolger einigt, kann auf Antrag eines der beteiligten Vorstandsmitglieder per Gericht ein Nachfolger bestellt werden, der in der Zeit des „Mangels" die Vorstandsposition mit allen Rechten und Pflichten übernimmt.[9]

Die Abberufung stellt den Widerruf der Bestellung dar, den der Aufsichtsrat jederzeit aussprechen kann, wenn ein wichtiger Grund, wie z.B. eine grobe Pflichtverletzung, vorliegt.[10] Da der Anstellungsvertrag dagegen meist nicht fristlos gekündigt werden kann (außer durch eine extra Vertragsklausel), bleiben die monetären Ansprüche für die Restzeit bis zur ordentlichen Kündigung des Anstellungsvertrags erhalten, obwohl das ehemalige Vorstandsmitglied keine Leistung mehr für die Aktiengesellschaft erbringt.

---

[7] vgl. §82 Abs. 1 AktG
[8] vgl. §81 Abs. 1 AktG
[9] vgl. §85 AktG
[10] vgl. §84 Abs. 3 AktG

3.3. Aufgaben

Die essentiellen Aufgaben des Vorstands sind im Aktiengesetz festgelegt und teilweise im Deutschen Corporate Governance Kodex erweitert bzw. genauer erläutert.

Die Hauptaufgabe des Vorstands ist wie bereits erwähnt die Leitung des Unternehmens „mit dem Ziel nachhaltiger Wertschöpfung in eigener Verantwortung und im Unternehmensinteresse, also unter Berücksichtigung der Belange der Aktionäre, seiner Arbeitnehmer und der sonstigen [...] Stakeholder"[11].

Daneben existieren noch weitere, wichtige Aufgabenfelder, die gesetzlich vorgeschrieben sind. So muss der Vorstand in regelmäßigen Abständen die Hauptversammlung zum Wohl der Aktiengesellschaft einberufen[12] und laut §83 AktG Maßnahmen vorbereiten und beschlossene Entscheidungen umsetzen. Des Weiteren muss der Vorstand dafür Sorge tragen, dass eine unternehmensweite Buchführung nach den kaufmännischen Richtlinien und ein angemessenes Risikomanagement existieren.[13] Dazu gehört durch §170 AktG insbesondere die unverzügliche Weitergabe des Jahresabschlusses nach Fertigstellung an den Aufsichtsrat.

3.4. Pflichten

Neben den vielen Aufgaben unterliegen die Vorstandsmitglieder außerdem zahlreichen Pflichten, die im Aktiengesetz fixiert sind. Ein sehr wichtiger Punkt betrifft die Treuepflicht des Vorstands. So darf laut §88 AktG kein Vorstandsmitglied ohne ausdrückliche Genehmigung des Aufsichtsrats nebenbei ein Handelsgewerbe betreiben, Geschäftsführer sein oder ein Mitgliedsmandat für den Aufsichtsrat einer anderen Gesellschaft besitzen, um (geschäftliche) Interessenskonflikte zu vermeiden.

Daneben sind die einzelnen Vorstandsmitglieder bei jeder unternehmerischen Entscheidung in der Pflicht, die Sorgfalt eines ordentlichen und gewissenhaften Geschäftsleiters walten zu lassen, um immer zum Wohle der Gesellschaft zu handeln.[14]

Darüber hinaus sind sie durch denselben Paragrafen amtszeitübergreifend zur jeglichen Verschwiegenheit über alle erlangten Geschäftsgeheimnisse verpflichtet. Ferner existieren weitere gesetzliche Handlungspflichten, wie die Berichtspflicht aller relevanten Geschäftsdaten an den Aufsichtsrat (§90 AktG) und die sofortige

---

[11] DCGK, http://www.corporate-governance-code.de/ger/download/kodex_2009/
D_CorGov_Endfassung_Juni_2009.pdf, S. 7
[12] vgl. §121 Abs. 1 & 2 AktG
[13] vgl. §91 AktG
[14] vgl. §93 AktG

Einberufung der Hauptversammlung beim Bestehen möglicher Zahlungsunfähigkeit durch den Verlust von 50% des Grundkapitals (§92 AktG).

3.5. Haftung

Bei der Frage der Haftung des Vorstands ist die Außen- und Innenhaftung zu unterscheiden. Von der Außenhaftung, also von Verbindlichkeiten gegenüber Dritten, sind die Vorstandsmitglieder befreit, da die Aktiengesellschaft laut §1 AktG eine eigene Rechtspersönlichkeit ist und deshalb nur mit dem Gesellschaftsvermögen haftet. Bei der Haftung im Innenverhältnis, also zwischen Vorstandsmitglied und Gesellschaft, wird der Haftungsmaßstab an die Sorgfaltspflicht eines ordentlichen und gewissenhaften Geschäftsleiters gelegt. Die Verletzung derselbigen bei unternehmerischen Entscheidungen führt zur persönlichen Haftung des Vorstandsmitglieds, da dieser den entstandenen Schaden der Gesellschaft laut §93 Abs. 2 AktG ersetzen muss. Um sich vor Vermögensschäden zu schützen, schließen deshalb viele Vorstandsmitglieder sogenannte „Directors and Officers Liability Insurances" (kurz: D&O-Versicherungen) ab.

4. Aufsichtsrat

Die Kernaufgabe des Aufsichtsrates ist die Überwachung der Tätigkeiten des Vorstands. Dem Vorstand obliegt die Führung des Unternehmens. Hierfür muss es ein Organ geben, das diese Führung im Bezug auf Misswirtschaft oder eigennütziges Fehlverhalten kontrolliert. Der Aufsichtsrat nimmt sich dieser Aufgabe an. Im Gegensatz zum Geschäftsleiter – Vorstand oder Geschäftsführung – ist für eine Aktiengesellschaft die Bereitstellung eines Aufsichtsrats verpflichtend.

4.1. Gesetzliche Grundlagen

Die wesentlichen, gesetzlichen Grundlagen, die dem Aufsichtsrat Vorschriften auferlegen, werden durch das Aktiengesetz gebildet. Diese werden durch die Paragraphen 95 bis 116 festgesetzt. An diesen Paragraphen wird sich dieser Teil der Ausarbeitung größtenteils orientieren.

Neben dem Aktiengesetz bildet der deutsche Corporate Governance Index, ein Regelwerk, die Grundlage für das effektive Zusammenarbeiten zwischen Vorstand und Aufsichtsrat. Es verbindet Aspekte aus dem Aktiengesetz mit internationalen und nationalen Standards, um wesentliche Vorschriften zur Leitung und Überwachung deutsche Aktiengesellschaften zu geben. Jede Gesellschaft kann sich jedoch freiwillig an den Kodex binden. Es empfiehlt sich jedoch den Kodex aufzunehmen, da es bei Anteilseignern ein gern gesehener Aspekt von Aktiengesellschaften ist.

Dieser Teil der Ausarbeitung versucht sowohl das Aktiengesetz, als auch den deutschen Corporate Governance Kodex zu betrachten, um einen möglichst umfangreichen Gesamtüberblick über die Thematik zu erbringen.

4.2. Bildung und Zusammensetzung des Aufsichtsrates

Laut §95 (1) des Aktiengesetzes muss ein Aufsichtsrat einer Aktiengesellschaft aus mindestens drei Mitgliedern bestehen. Die Anzahl der Aufsichtsratsmitglieder kann jedoch erhöht werden. Hierbei ist es wichtig, dass die Anzahl der Mitglieder immer durch drei teilbar ist (vgl. §95 (3) AktG). Die Grenze der Anzahl von Aufsichtsratsmitgliedern wird durch das Grundkapital der Gesellschaft festgesetzt. So können bei einem Grundkapital von 1.500.000€ bis zu neun Aufsichtsratsmitglieder bestimmt werden. Bei einem Grundkapital von über 1.500.000€ können bis zu 15 Aufsichtsratsmitglieder verlangt werden und bei einem Grundkapital über 10.000.000€ können bis zu 21 Aufsichtsratsmitglieder eingesetzt werden.

Die Aufsichtsratsmitglieder, die die Vertreter der Anteilseigner sind, werden von der Hauptversammlung gewählt. So wird den Anteilseignern ein Schutz geboten, da sie selbst bestimmen können, wer den Aufsichtsrat besetzt.

Gilt für eine Aktiengesellschaft das Mitbestimmungsgesetz[15], so muss sich der Aufsichtsrat aus Aktionären und Arbeitnehmern zusammensetzen. Dieselbe Konstellation des Aufsichtsrates gilt für Aktiengesellschaften, mit mehr als 500 Arbeitnehmern oder weniger als 500 Arbeitnehmer, wenn sie vor dem 10. August 1994 ins Handelsregister eingetragen wurden und keine Familiengesellschaften sind.

Gilt für eine Aktiengesellschaft das Montan-Mitbestimmungsgesetz, setzt sich der Aufsichtsrat aus Aktionären, Arbeitnehmer und aus weiteren Mitgliedern zusammen. Das Montan-Mitbestimmungsgesetz gilt für Unternehmen des Bergbaus und der Eisen- und Stahl erzeugenden Industrie.

---

[15] Gesetz über die Mitbestimmung der Arbeitnehmer

Unterliegt die Gesellschaft den §§5 bis 13 des Mitbestimmungsergänzungsgesetzes, so formt sich der Aufsichtsrat aus den Aktionären, den Arbeitnehmern und einem weiteren Mitglied.[16]

Um eine andere Form des Aufsichtsrates zu gestalten, muss dies nach §97 oder §98 des Aktiengesetzes in der Bekanntmachung des Vorstands oder durch ein gerichtliches Urteil geschehen.[17] Tritt dieser Fall nicht ein, müssen die beschriebenen Vorschriften der Zusammenstellung (vgl. §95 (1) AktG) des Aufsichtsrates beachtet werden.

Wichtig bei der Zusammensetzung des Aufsichtsrates ist, dass dieser immer genügend unabhängige Mitglieder enthält. Sie stehen in keinerlei Beziehung zu den Geschäften und dem Vorstand der Gesellschaft. So können etwaige Entscheidungen für die Gesellschaft tätigen, die an keinerlei Hintergedanken geknüpft sind.[18]

Ist der Vorstand nicht mit der gesetzlichen Zusammenstellung des Aufsichtsrates zufrieden und wünscht sich eine andere Konstellation, so muss dies in Geschäftsblättern und Aushängen im Betrieb, der Gesellschaft und den beteiligten Konzernmitgliedern bekannt gemacht werden. Die Bekanntmachung muss den gesetzlichen Vorschriften gerecht werden, die dem Vorstand erlauben, diesen Schritt zu vollziehen. Nur so kann der Vorstand seine Änderung überhaupt durchführen. Wenn nicht innerhalb eines Monats Antragsberechtigte nach §98 (2) des Aktiengesetzes bei dem elektronischen Bundesanzeiger des Landgerichts, in dessen Bezirk die Gesellschaft ihren Sitz hat, Einspruch einreichen, ist die Zusammenstellung des Aufsichtsrates rechtens (vgl. §98 (1) AktG).

Sind Vorschriften aus dem Mitbestimmungsgesetz strittig oder ungewiss, so können auch Arbeitnehmer im Sinne des Mitbestimmungsgesetz (vgl. §3 MitbestG) Einspruch einlegen.

Hat der Vorstand eine Zusammenstellung des Aufsichtsrates definiert, die nicht den gerichtlichen Entscheidungen unterliegt, ist der Aufsichtsrat nach den beschriebenen gesetzlichen Vorschriften festzulegen[19].

Zusammenfassend müssen der Vorstand und die Antragsberechtigten einer Meinung über die Konstellation des Aufsichtsrates sein. Sonst wirken sie gegeneinander.

---

[16] vgl. §96 (1) AktG
[17] vgl. §96 (2) AktG
[18] vgl. Deutscher Corporate Governance Kodex Punkt: 5.4.2
[19] Siehe hierzu Punkt 4.2 DCGK: Bildung und Zusammensetzung des Aufsichtsrates (erster Abschnitt)

Ist der Aufsichtsrat gewählt, muss dieser selbst einen Vorsitzenden wählen – den Aufsichtsratsvorsitzenden. Dieser muss von zwei Dritteln der Mitglieder aus dem Aufsichtsrat gewählt werden. Nur so kann ein rechtskräftiger Aufsichtsratsvorsitzender entschieden werden. Ist diese Mehrheit nicht erreicht, wird die Wahl wiederholt.

4.3. Voraussetzungen für Aufsichtsratsmitglieder

Um als Mitglied in einem Aufsichtsrat agieren zu können, schreibt das Aktiengesetz unter §100 AktG Vorschriften vor, die Personen erfüllen müssen, um in einem Aufsichtsrat tätig werden zu können.

Das Mitglied eines Aufsichtsrates muss eine natürliche Person sein, die unbeschränkt geschäftsfähig ist. Unbeschränkt geschäftsfähige Personen sind Personen, die das 18. Lebensjahr vollendet haben, sofern sie nicht geschäftsunfähig oder eingeschränkt geschäftsfähig sind.

Des Weiteren darf eine Person nur in zehn Handelsgesellschaften, die nach gesetzlichen Vorschriften über einen Aufsichtsrat verfügen, im Aufsichtsrat sitzen. Gesellschaften, die weder nach Aktiengesetz noch nach Mitbestimmungsgesetz einen Aufsichtsrat bilden müssen, werden nicht berücksichtigt - auch wenn sie freiwillig einen Aufsichtsrat bildeten. Der elfte Sitz in einem Aufsichtsrat wird durch das Aktiengesetz verboten.

Ebenfalls darf ein Aufsichtsratsmitglied nicht gleichzeitig Vorstandsmitglied, Stellvertreter von Vorstandmitglieder oder Prokurist des Unternehmens sein (vgl. §105 (1) AktG).

Eine weitere Voraussetzung, um Mitglied eines Aufsichtsrates werden zu dürfen, ist, dass ein Vorstandsmitglied derselben börsenorientierten Gesellschaft mindestens zwei Jahre aus dem Vorstand ausgetreten sein muss, bevor er Aufsichtsratsmitglied werden kann. Um zu gewährleisten, dass ein Vorstandsmitglied direkt zu einem Aufsichtsratsmitglied werden kann, gibt es folgende Möglichkeit über die Aktionäre: Haben Aktionäre mehr als 25% Prozent Stimmrecht an der Gesellschaft und wählen das Vorstandmitglied in die Position eines Aufsichtsratsmitglieds, so ist dieser Schritt sofort rechtens. Letzteres wird auch durch den deutschen Corporate Governance Kodex definiert. Allerdings wird eine Grenze gezogen, die verlangt, dass nicht mehr als zwei ehemalige Vorstandsmitglieder in einem Aufsichtsrat sitzen dürfen.[20]

---

[20] vgl. Deutscher Corporate Governance Kodex, Punkte: 5.4.2 & 5.4.4

Aktiengesellschaft – Vorstand und Aufsichtsrat
Krause, Christopher & Reiter, Jan
Stand: Mittwoch, 5. Mai 2010

Als letzter Punkt der aufgeführten Anforderungen an einen Aufsichtsrat muss eine Gesellschaft laut §264 des Handelsgesetzbuchs ein unabhängiges Mitglied im Aufsichtsrat haben, das über Sachverstand auf den Gebieten Rechnungslegung oder Abschlussprüfung verfügt.

Das Aktiengesetz stellt in Verbindung mit dem Mitbestimmungsgesetz weitere Anforderungen an Aufsichtsratsmitglieder. Aufgrund der Kürze der Arbeit hat der Autor sich entschieden, nur die nach seiner Meinung nach wichtigsten Aspekte darzustellen. Weitere Voraussetzungen und Anforderungen sind im §100 des Aktiengesetzes aufgeführt.

4.4. Aufgaben und Rechte

Wie in der Einleitung beschrieben ist der Aufsichtsrat ein überwachendes Organ. Seine Überwachung bezieht sich auf den Vorstand. Der Aufsichtsrat bestellt und entlässt die Mitglieder des Vorstandes. So kann er schon bei der Bestellung dieser auf Merkmale achten, die dem Unternehmen gegenüber keine Nachteile darstellen. Der Aufsichtsrat prüft den Vorstand auf wirtschaftliches Handeln gegenüber der Gesellschaft. Dazu hat der Aufsichtsrat das Recht, Bücher und Schriften der Gesellschaft einzusehen. Dadurch sollen Informationen über Vermögensgegenstände, Wertpapier und Waren offen gelegt werden, um beispielsweise Misswirtschaft o.ä. aufzudecken.[21] Der Aufsichtsrat ist verpflichtet, den Jahresabschluss der Gesellschaft zu prüfen. Dazu ist er befugt, für bestimmte Aufgaben besondere Sachverständige hinzuzuziehen.[22] Der Aufsichtsrat übernimmt keine Aufgaben der Geschäftsführung. Jedoch kann er verlangen, dass er zu bestimmten Arten von Geschäften seine Zustimmung erteilen muss. Hiermit erlangt er also ein Mitspracherecht an manchen Geschäften, die der Vorstand tätigt. Auch das ist ein Kontrollinstrument, mit dem die Tätigkeiten des Vorstands überwacht werden können.

Dem Aufsichtsratsvorsitzenden obliegen spezielle Aufgaben. Zum Einen hat dieser im engsten Sinne die Verantwortlichkeit für die Führung des Aufsichtsrates. Er koordiniert die Aufgaben des Aufsichtsrates und leitet dessen Sitzungen.

Zum Anderen soll er eng mit dem Vorstand, respektive dem Vorstandsvorsitzenden, zusammenarbeiten, um mit ihm die Geschäftsentwicklung zu beraten und zu überwachen. Wichtige Entscheidungen und Informationen des Vorstandes gelangen an

---

[21] vgl. §111 (2) AktG
[22] vgl. §111 (2) Satz 3 AktG

ihn, die er in den Aufsichtsrat überträgt. Er fungiert als Bindeglied zwischen Vorstand und Aufsichtsrat.

Als letzte wichtige Aufgabe soll der Aufsichtsrat Ausschüsse bilden, die sich bestimmter Aufgaben annehmen. Diese Ausschüsse sollen sich durch ihre Kompetenz um bestimmte Aufgaben kümmern, um so eine Effizienzsteigerung zu ermöglichen.[23]

4.5. Amtszeit und Auflösung der Aufsichtsratsmitglieder

Die Amtszeit von Aufsichtsratsmitgliedern gilt immer für den Zeitraum von vier Geschäftsjahren. Dabei wird das Geschäftsjahr, in dem das Aufsichtsratsmitglied gewählt wird, nicht mitgezählt. Mit Ablauf der jährlichen Hauptversammlung wird der Posten der jeweiligen Aufsichtsratsmitglieder, die vier Geschäftsjahre im Amt waren, aufgelöst.[24]

Die Hauptversammlung kann nach §103 AktG auch ein Aufsichtsratsmitglied vor Beendigung seiner Amtszeit von dem Amt entbinden. Dabei muss dieses Mitglied jedoch durch die Hauptversammlung bestimmt worden sein und es darf keine Bindung an einen Wahlvorschlag bestehen.

---

[23] Deutscher Corporate Governance Kodex, Punkt: 5.2 ff.
[24] vgl. §102 AktG

5. Quellenverzeichnisse

5.1. Literaturverzeichnis (Christopher Krause)

Bücher:

1. o.A. (1997): Brockhaus Enzyklopädie in 15 Bänden, 20. Auflage. F. A. Brockhaus, Leipzig & Mannheim
2. o.A. (2010): Aktiengesetz & GmbH-Gesetz, 42. Auflage. Beck-Texte im Deutschen Taschenbuch Verlag, München
3. Bea, Franz Xaver & Haas, Jürgen (2005): Strategisches Management, 4. Auflage. Lucius & Lucius Verlagsgesellschaft, Stuttgart
4. Raguß, Gerd (2009): Der Vorstand einer Aktiengesellschaft, 2. Auflage. Springer Verlag, Berlin
5. Sattler, Andreas; Jursch, Peter & Pegels, Anna (2008): Haftung von Vorstand und Aufsichtsrat einer Aktiengesellschaft, 2. Auflage. VSRW Verlag, Bonn
6. Strieder, Thomas (2005): Deutscher Corporate Governance Kodex Praxiskommentar. Erich Schmidt Verlag, Berlin

Internetseiten:

7. http://www.corporate-governance-code.de/index.html, 05.04.2010
8. http://www.corporate-governance-code.de/ger/download/kodex_2009/ D_CorGov_Endfassung_Juni_2009.pdf, 05.04.2010

5.2. Literaturverzeichnis (Jan Reiter)

Bücher:
(Name, Titel, Autor, Verlag; Auflage; Erscheinungsort Erscheinungsjahr)

1. Aktiengesetz GmbH-Gesetz; *(kein Titel); (kein Autor);* Beck-Texte im Deutschen Taschenbuch Verlag, 42. Auflage , München, 2010
2. Der Aufsichtsrat als Instrument der Corporate Governance; Rechnungswesen und Unternehmensüberwachung; Andreas Dutzi; 1. Auflage; Deutscher Universitäts-Verlag; Wiesbaden; 2005
3. Kontrolle durch den Aufsichtsrat in deutschen Aktiengesellschaften; Entwicklung und Stand der Corporate Governance; Frank Kranenfeld; Grin Verlag; 1. Auflage; Norderstedt; 2007

Internetseiten:
1. http://www.corporate-governance-code.de/ger/kodex/1.html, Stand: 24.03.2010
2. http://www.anwalt.de/rechtstipps/aufsichtsrat-einer-aktiengesellschaft-risiken-und-haftung_002222.html ; Hermann Kulzer; Stand: 28.08.2008
3. http://www.aktiengesetz.de/, Stand: 28:04.2010